DISCOURS

PRONONCÉ

A L'ASSEMBLÉE NATIONALE

le 8 septembre 1871

PAR

M. LE COMTE DUCHATEL

SUR LA

PROPOSITION DE M. DE RAVINEL

RELATIVE

AU TRANSFERT DES MINISTÈRES A VERSAILLES

PARIS

IMPRIMERIE DE J. CLAYE

RUE SAINT-BENOIT

—

1871

DISCOURS

PRONONCÉ

A L'ASSEMBLÉE NATIONALE

LE 8 SEPTEMBRE 1871

DISCOURS

PRONONCÉ

A L'ASSEMBLÉE NATIONALE

le 8 septembre 1871

PAR

M. LE COMTE DUCHATEL

SUR LA

PROPOSITION DE M. DE RAVINEL

RELATIVE

AU TRANSFERT DES MINISTÈRES A VERSAILLES

PARIS

IMPRIMERIE DE J. CLAYE

RUE SAINT-BENOIT, 7

—

1871

DISCOURS

PRONONCÉ

A L'ASSEMBLÉE NATIONALE

le 8 septembre 1871

M. LE PRÉSIDENT. La parole est à M. le comte Duchâtel.

M. LE COMTE DUCHATEL. Messieurs, au point où en est arrivé le débat, je ne pense pas nuire au bon ordre de la discussion en venant dès à présent, sur l'amendement même de M. Brunet, soutenir mon propre amendement et dire à l'Assemblée sur quel point je diffère de l'opinion qui vient d'être exprimée à cette tribune par l'honorable orateur qui m'y a précédé.

La question est de savoir si nous devons, oui ou non, dans un délai fixe et prochain, rentrer à Paris.

La tâche que j'entreprends m'a été singulièrement facilitée par les discours que vous avez entendus. Je n'abuserai donc pas de votre bienveillance. (*Parlez!*)

Si je monte à la tribune, c'est bien moins pour y faire un discours que pour exprimer, moi qui ne suis pas député de Paris, moi qui représente une nuance différente de l'opinion, cette conviction profonde que, du moment où le procès est engagé devant nous, comme l'honorable M. Say vous le disait hier, et du moment où, suivant moi, nous avons tous les éléments nécessaires pour juger ce procès...

Un membre à droite. Ce n'est pas un procès!

M. LE COMTE DUCHATEL... nous devons, dans

l'intérêt même de la France, rendre à l'égard de Paris une sentence tout à la fois conforme à l'équité et à la saine politique.

A *gauche*. Très-bien! très-bien!

M. LE COMTE DUCHATEL. Dans un débat aussi grave que celui qui se pose devant vous, je voudrais bien préciser la question et en dégager surtout toute équivoque. L'équivoque, pour moi, je la trouve dans un *statu quo*, plus ou moins mal défini, matériellement inacceptable, moralement nuisible aux véritables intérêts du pays.

C'est pourquoi je vous ai présenté un amendement ainsi conçu :

« A partir du 1er janvier 1872, tous les ministères seront réinstallés à Paris. »

Sauf la question de date, le principe de mon amendement et le principe de l'amendement en discussion sont les mêmes.

A l'opinion que je soutiens il est, si je

ne me trompe, deux sortes d'adversaires : je dirai que les uns le sont par système et les autres par sentiment. Il y a tout d'abord ceux-là qui, jugeant que Paris est un foyer constant de désordres, qu'il a toujours été et qu'il sera toujours la cause de nos révolutions, ne veulent jamais y rétablir le siége de l'Assemblée.

C'est là, messieurs, un système qui répond à des idées de décentralisation suivant moi excessives, système plus ou moins juste qui me paraît offrir de très-graves inconvénients, mais qui, à un certain point de vue, peut présenter ses avantages. Je le combats, mais je le comprends.

Ce que je ne comprends pas du tout, c'est le sentiment de ceux qui, ne voulant ni adopter une mesure aussi radicale, ni prendre un parti favorable à Paris, se maintiennent dans un système de temporisation à tout point de vue mauvais, et qui, surtout, déclarent que la seule solution aujourd'hui est le *statu quo*, et un *statu quo* très-onéreux, puisqu'il se résout par une demande de crédit.

Eh bien, messieurs, si les périls que vous fait redouter la présence de l'Assemblée à Paris sont tellement graves et tellement fondés qu'il faille n'y revenir jamais, je vous dirai : Ayez le courage de votre opinion, manifestez-la résolûment...

Voix à droite. C'est ce que nous faisons !

M. LE COMTE DUCHATEL... et prenez toutes les mesures réclamées par les circonstances et par vos appréhensions. Mais si, au contraire, ces périls ne sont pas assez grands, si ces appréhensions ne sont pas assez vives pour qu'à tout jamais vous ne déclariez pas Paris déchu de son titre de capitale, eh bien, alors, messieurs, prenons le parti d'y rentrer le plus tôt possible ; car, croyez-moi, plus nous tarderons et moins nous agirons politiquement... (*Dénégations à droite.*)

A *gauche.* Très-bien ! très-bien !

M. LE COMTE DUCHATEL. Et c'est surtout d'une question politique qu'il s'agit dans ce débat ; c'est surtout dans la question de conduite politique que je voudrais me renfermer.

Il m'est impossible, cependant, de ne pas dire quelques mots du rapport. Je l'ai lu avec un grand soin. Il est plein d'aperçus historiques et d'ingénieux rapprochements ; mais, que l'honorable rapporteur me permette de le lui dire, ces rapprochements sont plus ingénieux que justes.

L'Assemblée me saura gré, je l'espère, de ne pas rentrer dans les considérations historiques. Je tiens surtout à écarter celles qui ont trait aux derniers temps du séjour de la monarchie à Versailles. Il est des souvenirs que je préfère ne pas réveiller, bien que je puisse y trouver un argument qui me paraît singulièrement concluant contre la thèse de celui qui les a invoqués ; car je ne puis pas oublier que non-seulement Versailles n'a pas sauvé la monarchie, mais qu'encore Versailles a eu le triste privilége d'être le théâtre de ces scènes violentes et révolutionnaires où le peuple soulevé venait chercher jusque dans son palais ou sa demeure le prince ou le gouvernement établi. (*Interruptions diverses.*)

Et quand on m'objecte que Paris a eu, soit les journées de juillet 1830, soit les journées de février 1848, je rappelle que Versailles a eu tout d'abord les 5 et 6 octobre 1789... (*Rumeurs à droite.*)

A gauche. Parlez ! parlez !

Un membre. C'est Paris qui est venu à Versailles.

M. Ernest Picard. La route existe toujours !

M. Cochery. Elle est même plus facile !

M. le comte Duchatel. Mais, messieurs, je passe immédiatement à l'impression qui est résultée pour moi de l'ensemble du rapport. Mon impression a été celle-ci : que l'honorable M. Cézanne avait très-éloquemment plaidé la cause de ceux qui voulaient ne revenir jamais à Paris ; qu'il avait déclaré, d'autre part, le *statu quo* inacceptable ; puis que, se retournant tout à coup vers ceux qui ne s'arrêtent à aucune solution, il avait laissé le soin de prendre une décision définitive à nos successeurs ; et qu'en définitive, dans ses conclusions, il s'était attaché à un système de *statu quo* qui se traduit, pour nous, par une demande de crédit de plusieurs millions. Et quelque peu considérable que paraisse ce crédit à M. le rapporteur, en comparaison des premiers chiffres énoncés, cependant il me permettra de lui dire que, dans l'état actuel de nos finances, alors que nous avons tant besoin d'économies, il faut n'accepter de nouvelles charges qu'à la condition qu'elles soient motivées par des raisons majeures. (*Assentiment à gauche.*) Et ces raisons majeures, messieurs, je trouve qu'elles n'existent pas.

Il y a plus : je les trouve inutiles, si je me place au point de vue, non pas de tous mes adversaires, mais de ceux qui se fondent sur un argument qui n'est certes pas sans valeur et qui est celui-ci : A Versailles, vous délibérez dans le silence et le calme du dehors; au contraire, si vous rentrez dans Paris, vous risquez de trouver aux abords de l'Assemblée des groupes bruyants et, à certains jours, des manifestations hostiles.

Eh bien, la réponse à cet argument, je

la trouve dans un considérant même de Mirabeau, dont le nom a été déjà cité plusieurs fois dans le cours de ce débat, considérant qui a trait à des mesures de police à prendre contre les attroupements. Je pense que le gouvernement et l'Assemblée qui siégeraient à Paris sauraient se faire respecter... (*Interruption prolongée et interpellations à droite.*)

Mais je ne vois pas, messieurs, en quoi, pour parer à un tel inconvénient, il faille en déduire que tous les ministères doivent être transportés ou transférés à Versailles.

Pour justifier cette translation, il y a un autre argument. On nous dit qu'après un certain laps d'années aucun gouvernement ne saurait durer à Paris, et que, fatalement, sous l'action dissolvante et révolutionnaire de la capitale, tout gouvernement est destiné à périr et qu'il périt par ces secousses périodiques qui se traduisent par l'envahissement de nos Assemblées.

Je ne veux, à ce moment du débat, citer aucune des dates qui ont été portées à cette tribune. J'aime beaucoup mieux, en deux ou trois phrases, résumer mon opinion et vous dire que, pour moi, il me semble que c'est interpréter les leçons de l'histoire dans un sens vraiment partial et exagéré que de rejeter sur les hasards seuls de l'émeute les faits de nos révolutions successives.

Ne serait-il pas plus juste d'en rechercher également les causes, soit dans les fautes des gouvernements, soit dans ces événements inattendus, supérieurs à la volonté et aux prévisions humaines?...

De divers côtés. Très-bien! très-bien!

M. LE COMTE DUCHATEL. Quant à moi, je pense que, quand un mouvement populaire réussit, c'est que déjà la révolution a pénétré bien avant dans les esprits et se trouve presque accomplie dans les faits...

A gauche. Très-bien ! très-bien !

De divers côtés. Et 1848 ?

M. LE COMTE DUCHATEL. Messieurs, j'entends qu'on m'objecte 1848...

Quelques membres. N'insistez pas là-dessus !

M. LE COMTE DUCHATEL. Je ne dirai qu'un mot, et je pourrai même invoquer à l'appui de mes paroles le témoignage de certains de mes collègues : c'est que, du moment où le roi, la révolution étant engagée, s'est séparé de son ministère qui s'appuyait sur la majorité de l'Assemblée, ce cri est sorti de bien des bouches : « La révolution est faite ! » *(Mouvements en sens divers.)*

Quant à moi, messieurs, je pense que pour réussir l'émeute a besoin d'un de ces deux faits essentiels, ou que le gouvernement se soit déjà abandonné lui-même, ou que l'Assemblée ne s'appuie plus sur cette force qui résulte pour elle du concours moral du pays. (*Approbation sur plusieurs bancs.*)

L'honorable rapporteur est venu nous dire que ce qui nous avait sauvés le 18 mars, c'étaient les vingt kilomètres qui séparent Versailles de Paris; qu'il me permette de lui répondre qu'à mon sens, si la tentative de Paris sur Versailles est venue se briser contre l'héroïque résistance de nos troupes, c'est que cette tentative criminelle s'attaquait tout à la fois à une Assemblée nouvellement élue, libre et sincère émanation du pays, et que, en même temps, le pouvoir exécutif était alors remis entre les mains de l'homme éminent qui se trouvait le plus en mesure de réprimer la révolution... (*Applaudissements.*)

M. le Rapporteur. C'est précisément ce que j'ai dit.

J'ai dit expressément que c'est l'exécution du plan de M. le chef du pouvoir exécutif qui a sauvé Paris à ce moment-là.

M. Lucien Brun. Et il avait été obligé de quitter Paris !

M. le comte Duchatel. Je suis bien aise, en exprimant cette pensée, de me trouver d'accord avec l'honorable rapporteur, parce qu'il est bon de répéter au pays qu'à cette époque le pouvoir exécutif se trouvait entre les mains de l'homme éminent qui...

M. le vicomte de Lorgeril. Il n'avait pris aucune précaution ; aucune, j'étais là !

M. le comte Duchatel... qui, plus que tout autre, était en mesure de réprimer la révolution, parce qu'il avait en lui cette force énorme qui résultait de l'éclatant témoignage d'admiration et de confiance que venait de lui décerner la nation tout entière. (*Très-bien! très-bien! à gauche.*)

J'aborde la question qui me paraît dominer tout le débat, la question de conduite politique vis-à-vis de Paris.

Comme j'ai toujours été de ceux qui ont le plus vivement protesté contre cette usurpation de Paris venant imposer à la France entière un gouvernement tout fait, issu de ses mains, il me sera permis, je l'espère, de protester aujourd'hui contre ce que j'appellerai l'excès contraire, c'est-à-dire contre une tendance à ne pas tenir un compte suffisant, dans mon opinion du moins, ni des besoins, ni des aspirations, ni des droits de Paris. (*Exclamations.*)

Ces droits, je les crois incontestables, parce que je les trouve écrits dans l'histoire, et certainement l'honorable rapporteur ne me contredira pas, car j'ai lu dans son rapport l'expression d'une pensée identique à celle que je vais répéter à cette tribune, quand je rappellerai tout ce que Paris, dans le domaine des lettres, des sciences et des arts, a fait de grand, de noble, de généreux, dont l'éclat a rejailli, non pas seulement sur la France, mais sur le monde entier. Je ne crois pas qu'il soit possible de nier que, par tant de génies divers, penseurs, écrivains, philosophes, Paris n'ait eu sa large et glorieuse part dans cet incomparable travail des esprits au XVIIIe siècle...

M. LE BARON DE LARCY, *ministre des travaux publics*. Alors, le gouvernement était à Versailles.

M. LE COMTE DUCHATEL... travail qui devait préparer les voies de l'avenir et jeter les bases en même temps que fonder les droits de la société moderne. Et, pour employer les termes mêmes du rapport, ce grand, cet admirable mouvement de 1789, où donc a-t-il pris sa force, sa source, sa vie, sinon dans ce Paris... (*Applaudissements à gauche*) où déjà l'expansion des esprits était partout, dans ce Paris qui était à la fois le berceau et le rendez-vous de tous ces infatigables penseurs, ardents à la poursuite et au succès d'une œuvre hardie et novatrice, mais que l'avenir devait marquer d'un sceau indélébile? (*Mouvements divers.*)

Mais, objecte le rapport, Paris n'était pas alors le siége du gouvernement.

Sans doute, tandis que l'œuvre s'accomplissait, Versailles était encore capitale... (*Réclamations. — C'est une erreur! c'est une erreur!*), capitale en tant que siége de l'Assemblée; voilà en quel sens je l'entends. (*Ah! ah!*) Si je me suis servi d'un terme impropre, je l'explique : j'appelle capitale le siége de l'Assemblée.

M. le marquis d'Andelarre. Ce n'est pas là ce qui constitue une capitale.

M. le comte Duchatel. Soit! Appelons capitale le siége du gouvernement.

Il me semble, messieurs, que, lorsque l'ancienne monarchie allait chaque jour dépérissant, et lorsque sur l'ancien régime qui s'écroulait s'élevait un régime nouveau, il était bien difficile que, le jour de la transformation arrivé, alors même que le 5 et le 6 octobre ne fussent pas intervenus, Paris, par la force et la logique même des choses, ne consacrât pas la victoire très-légitime à laquelle il avait si puissamment contribué, en attirant à lui le gouvernement et l'Assemblée. (*Approbation à gauche.*)

Je crains d'ailleurs que beaucoup d'esprits très-loyaux, très-sincères, ne se laissent peut-être prévenir par le souvenir des scènes révolutionnaires anciennes ou récentes, et surtout par le souvenir des horreurs de la Commune et par l'argument tiré du 18 mars.

Je voudrais que le 18 mars, qui, au fond, est le résumé de temps troublés et le produit d'une époque exceptionnelle, n'intervînt pas comme argument dans ce débat. (*Exclamations.*) Mais, si on l'invoque, je l'accepte, et je m'applaudis que l'Assemblée ait cru devoir nommer une commission d'enquête à l'effet de rechercher les causes de ce terrible événement, parce que j'ai le ferme espoir que, quand la lumière sera faite, la défaillance du 18 mars apparaîtra, de la part de la grande partie de la population parisienne, comme amenée par des causes dont elle ne saurait seule porter la responsabilité.

Il y a eu, à cette époque, comme un affolement, je ne trouve pas d'autre terme, un affolement dans la population de Paris. Cet affolement s'est produit à la nouvelle et à la suite de la capitulation, et déjà je trouve, pour l'expliquer, sans même préjuger les conclusions de l'enquête, je trouve les épreuves et les souffrances du siége, la menace de la crise financière et peut-être de la banqueroute, et enfin la pensée que Paris pourrait être l'objet d'un abandon de la part du gouvernement. (*Mouvements divers.*)

Je crois, messieurs, qu'au lieu de songer surtout à l'élément révolutionnaire qui existe dans Paris, élément destructeur de tout ordre social et politique, qu'il faut frapper sans pitié, j'en conviens, il vaudrait beaucoup mieux songer à cet autre élément nombreux, honnête, conservateur, composé d'industriels, de bourgeois, de commerçants, qui se tournent aujourd'hui vers nous (*Réclamations.*,) et dont nous devons songer à préserver la sécurité.

Et, d'ailleurs, messieurs, si nous agissions autrement, ne serions-nous pas inconséquents avec nous-mêmes? Qu'avons-nous proclamé, sinon une politique d'apaisement, de conciliation, de réorganisation du pays? Voudriez-vous par hasard en excepter Paris? Paris dont aujourd'hui vous devez vous rappeler les malheurs plus que les erreurs (*Approbation à gauche*), Paris qui compte sur vous et sur lequel vous pourrez compter si vous savez aujourd'hui ne pas aggraver le dissentiment qui semble élevé entre lui et cette Assemblée?

Mais il est un autre argument. On nous dit : A quoi bon rendre à Paris le siége de l'Assemblée? Paris sera tout aussi heureux, tout aussi prospère...

A droite. Plus prospère!

M. LE COMTE DUCHATEL... en perdant le siége de l'Assemblée, et on ferait bien d'ajouter, pour être franc, en perdant non pas seulement l'Assemblée, mais le gouvernement, les ministères, les services publics, tout ce qui constitue, en un mot, la vie, le mouvement, la richesse d'une capitale. (*Réclamations à droite.*)

Messieurs, l'affectation même que je trouve dans le rapport à montrer tout ce qui reste à Paris me prouve la valeur de tout ce qu'on lui enlève. (*Très-bien! à gauche.*) Car, au fond, on cherche, sous beaucoup de compliments, à lui faire oublier la déchéance qu'on proclamerait. (*Nouvelle approbation à gauche.*)

Messieurs, pourquoi d'ailleurs imposer à Paris cette humiliation de perdre le siége de l'Assemblée? quelle est donc l'éternelle objection qu'on reproduit sans cesse contre Paris? C'est le fait d'une centralisation excessive, c'est ce fait que, tous les fils de l'administration française se trouvant réunis sur un seul et même point, un mouvement qui s'empare de Paris s'empare de la France entière. (*C'est cela!*)

Eh bien, messieurs, la réponse, je la trouve dans ce que l'honorable M. de Pressensé vient de vous dire; car il me semble que, cette centralisation excessive, vous l'avez bien fortement battue en brèche lorsque, en votant la loi organique départementale, vous avez donné un corps puissant aux idées décentralisatrices qui, depuis plusieurs années déjà, avaient cours dans le pays; vous avez voulu sans aucun doute apporter un remède, mettre un terme à cet état, comme l'appelle le rapport, de pléthore au centre et d'anémie aux extrémités.

Je ne puis pas ne pas me rappeler que, dans un heureux mouvement d'éloquence, M. Ernoul s'écriait à cette tribune : « Prenez

garde, les extrémités sont froides en France.»
Vous avez eu raison de vouloir y ramener la
chaleur et la vie ; mais prenez garde que, pour
que votre œuvre soit durable, il faut, en
même temps que vous rétablirez dans chaque
département une vie propre, une vie locale,
il faut cependant que vous conserviez au
centre un lien commun, et, ce lien, je le trouve
dans la réunion de tous les ministères et de
tous les services publics à Paris.

Mais vous avez fait plus, messieurs, vous
avez accueilli avec une extrême faveur la
proposition de M. de Tréveneuc, qu'on rappelait tout à l'heure à cette tribune. Et je
pense que l'honorable M. de Tréveneuc ne
me contredira pas sans doute si je dis que,
pour que sa proposition ait une portée véritablement utile, véritablement pratique, il
faut supposer le siége de l'Assemblée à Paris.
(*Bruit à droite.*) Car, si vous placez l'As-

semblée soit à Bourges, soit à Tours, soit dans toute autre ville de France, si bien à l'abri de tout danger extérieur, si bien prémunie contre toute tentative quelconque, qu'elle ne puisse être renversée que par une révolution qui soit le fait du pays tout entier, je ne vois pas ce que viendraient faire les conseils généraux pour le salut du pays. (*Mouvements divers.*)

Mais plus j'y songe et moins je puis croire que cette pensée de maintenir hors de Paris le siége de l'Assemblée d'une façon définitive, ou pendant un terme bien long, puisse prévaloir; et je vous demanderai, dans l'hypothèse où je me place, à quoi bon conserver le *statu quo,* qui n'est pas une solution et qui viendrait inutilement imposer de nouvelles charges à notre budget, déjà si surchargé?

Quant à moi, je vous le dis très-sincèrement, je ne crois pas que ce soit un bon moyen de rendre le calme au pays que de paraître toujours douter de ce calme. (*Très-bien! très-bien! à gauche.*) Je crois que c'est un mauvais moyen de ramener la sécurité, de hâter la reprise des affaires, que de témoigner, par notre attitude vis-à-vis de Paris, d'un tel sentiment de réserve et de défiance... (*Nouvelles marques d'approbation à gauche*), sentiment qui, comme on vous le disait hier, ne s'applique pas au présent et ne peut s'appliquer qu'à l'avenir.

Je me résume et je vous dis : Ne serait-il pas beaucoup plus grand, beaucoup plus politique, beaucoup plus digne de cette Assemblée de prendre une résolution virile et de déclarer par un vote solennel...

A gauche. Oui! oui!

M. le comte Duchatel... de déclarer par

un vote solennel que nous considérons comme fermée cette ère néfaste pendant laquelle, par le fait de l'étranger, Paris et les départements se sont trouvés séparés? (*Très-bien! très-bien! à gauche.*) Et ne serait-ce pas à la face de toute l'Europe d'un grand effet que de dire : Dans ce Paris qui, par un siége héroïquement soutenu, a sauvé l'honneur du pays (*Rumeurs à droite. — Très-bien! très-bien! et applaudissements à gauche*), les députés de la France vont désormais, avec calme et avec confiance dans l'avenir, travailler à la réorganisation et à la grandeur future du pays! (*Vive approbation et applaudissements à gauche. — L'orateur, en descendant de la tribune, reçoit les félicitations de plusieurs de ses collègues.*)

www.ingramcontent.com/pod-product-compliance
Lightning Source LLC
Chambersburg PA
CBHW060729050426
42451CB00010B/1692